DOCUMENTS HISTORIQUES
SUR
LA VIE ET LES MOEURS
DE
LOUISE LABÉ.

Adhuc sub judice lis est.

HORACE, *Art poet.*, v. 78.

Lyon. — Imprimerie de Dumoulin, Ronet et Sibuet.

LOUISE LABÉ

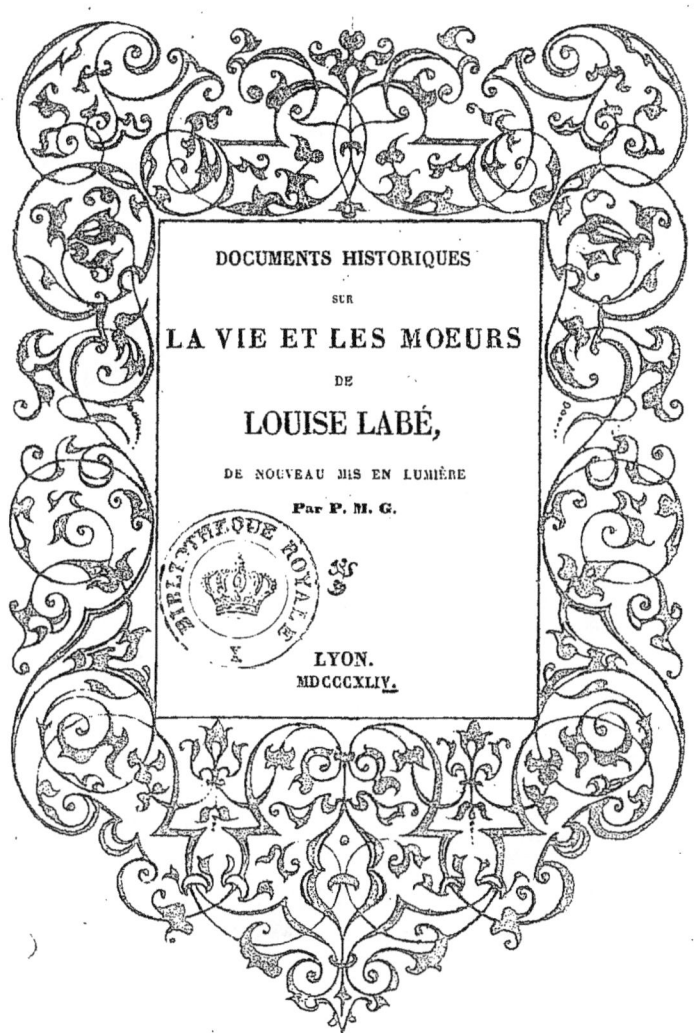

DOCUMENTS HISTORIQUES
SUR
LA VIE ET LES MOEURS
DE
LOUISE LABÉ.

FRANÇOYS DE BILLON, 1555.

N tête de ce recueil, nous avons cru devoir placer le témoignage d'un auteur contemporain de Louise Labé ; ce témoignage nous semble d'autant plus remarquable, qu'il se trouve dans un ouvrage élevé à la gloire et à l'honneur du beau sexe, et qui fut publié la même année où Jean de Tournes imprimait, à Lyon, la première édition des œuvres de Louise Labé ; en outre, il est fort probable que François de Billon, lors de son voyage en Italie, en qualité de secrétaire du cardinal Jean du Bellay, a séjourné à Lyon ; les divers documents historiques rapportés par cet écrivain, sur plusieurs personnages de notre ville (*), ren-

(*) Voyez, sur Marguerite de Bourg, lyonnaise, sur Claudine Sceve, Jane Scëve et Maurice Sceve, page 35 ; sur Jane Gaillarde, Pernette du Guillet, p. 55, verso ; Jullia Blanche, p. 141, recto ; Clemence de Bourges, p. 214, verso. *Le Fort inexpugnable de l'honneur du sexe femenin*, Paris, Jean d'Allyer, 1555, in-4°.

draient cette opinion très-vraisemblable. François de Billon, dans son Fort inexpugnable de l'honneur du Sexe féminin, s'exprime de cette manière, sur Louise Labé, et à propos de la sentence du vulgaire : « En tous païs toute guyse, toute femme mal aprise. Mais ilz deussent dire ainsi. En tout païs toute guyse, fait voir des hommes la sottize : Laquelle sottize, est si prompte (à ce propos) à incontinent degorger la trop volontureuse nature ou lubricité de la Royne Cleopatra et de quelque autre, qu'ilz deussent premierement confesser que le vice d'elle, est trop plus louable, que les imperfaites vilanyes du Roy Ptolomée, son mary et son frere, ne meritent silence de bouche. Pour mieux amplifier l'Histoire antique de laquelle Cleopatra, ilz s'efforcent souventesfois de l'acoupler a une moderne par l'exemple de quelque pauvre simplette, ou plus tost de la belle Cordiere de Lyon, en ses safres (*) déduytz : sans qu'ils ayent l'entendement de considerer, que s'il y a chose en sa vie qui puisse estre taxée, les hommes premierement en sont cause, comme autheurs de tous maux en toutes creatures : ny aussi sans pouvoir compenser en elle, les graces et gentilles perfections qui y sont, a tout le pis qu'on pourrait estimer de ses autres qualités : lesquelles, pour résolution, si mauvaises sont, des hommes sont procedées : et les autres qui sont louables, des cieux tant seulement. Et par cela, qui désormais voudra blasmer Femmes de sa robbe, regarde, que de soy mesme il ne forge un blason, vue que les Clercs disent en cas de Femmes, *Hic et Hœc, Homo*.

(*) Friands, savoureux

Parquoy, comme lubrique ou autrement vicieux que puisse estre a present le Sexe Masculin, icelle Cordiere se pourra bien dire homme : mesmement qu'elle sçait dextrement faire toute honneste exercice viril, et par especial aux Armes, voire et aux Lettres, qui la pourront tousjours relever de toute notte que tels Brocardeurs (cy devant asséz promenéz) par malice envyeuse se sauroient efforcer de luy donner : ainsi qu'ilz font a toutes, sans exception, de mil autres sornettes si tresapres, que cela bien souvent les préserve, a faute d'autres meilleurs propos, de s'endormir a table. » *Le fort inexpugnable de l'honneur du sexe fémenin*, construit par Françoys de Billon secretaire. Paris, Jean d'Allyer, 1555, in-4°, p. 14 verso et 15.

OLIVIER DE MAGNY, 1559.

A sire Aymon.

ODE (1).

Si je vouloy par quelque effort
Pourchasser la perte ou la mort
Du Sire Aymon, et j'eusse envye
Que sa femme luy fut ravie,
Ou qu'il entrast en quelque ennuy,
Je serois ingrat envers luy.

Car alors que je m'en vois veoir
La beaulté qui d'un doux pouvoir
Le cueur si doucement me brulle,

(1) Réimprimée, pour la première fois, par M. Breghot du Lut, Lyon, Barret, 1830, in-8°.

Le bon sire Aymon se reculle,
Trop plus ententif an long tour
De ses cordes, qu'à mon amour.

Ores donq'il fault que son heur
Et sa constance et son honneur
Sur mon luth vivement j'accorde;
Pinsetant l'argentine corde
Du luc de madame parfaict,
Non celle que son mari faict.

Cet Aymon de qui quatre filz
Eurent tant de gloire jadis,
N'eust en sa fortune ancienne
Fortune qui semble à la tienne,
Sire Aymon, car sans ses enfans
Il n'eust poinct surmonté les ans.

Mais toy sans en avoir onq'eu,
As en vivant si bien vaincu
L'effort de ce Faucheur avare
Que quand ta mémoire si rare
Entre les hommes périra,
Le Soleil plus ne reluira.

O combien je t'estime heureux,
Qui vois les tresors plantureux
De ton espouze ma maistresse,
Qui vois l'or de sa blonde tresse,
Et les attraitctz délicieux
Qu'Amour descoche de ses yeux !

Qui vois quand tu veulx ces sourciz,
Sourciz en hebeine noircis,
Qui vois les beaultez de sa face,
Qui vois et contemples sa grace,
Qui la vois si souvent baler,
Et qui l'ois si souvent parler!

Et qui vois si souvent encor
Entre ces perles et cet or,
Un rubys qui luyt en sa bouche,
Pour adoucir le plus farouche,
Mais un rubys qui sçait trop bien
La rendre à soy sans estre sien!

Ce n'est des rubys qu'un marchant
Avare aux Indes va cerchant,
Mais un rubys qu'elle decore
Plus que le rubyz ne l'honnore,
Fuyant ingrat à sa beaulté
Les apastz de sa privaulté.

Heureux encor qui sans nul soin
Luy vois les armes dans le poing,
Et brandir d'une force adextre,
Ores à gauche, ores à dextre,
Les piques et les braquemars
En faisant honte au mesme Mars.

Mais pour bien ta gloire chanter
Je ne sçay que je doy vanter
Ou ton heur en telle abondance,

Ou la grandeur de ta constance;
Qui franc de ses beaultez jouyr
N'as que l'heur de t'en resjouyr.

Tu peulx bien cent fois en un jour
Veoir cette bouche où niche Amour,
Mais de fleurer jamais l'aleine
Et l'ambre gris dont elle est pleine,
Alleché de sa douce voix,
En un an ce n'est qu'une fois.

Tu peulx bien cent fois en un jour
Veoir cette cuysse faicte au tour,
Tu peulx bien veoir encor ce ventre,
Et ce petit amoureux antre
Ou Venus cache son brandon,
Mais tu n'as point d'autre guerdon.

Puisses tu veoir souvent ainsi
Les beaultez et graces aussi,
Soit de son corps, soit de sa face,
Et puisse je prendre en ta place
Les doux plaisirs et les esbatz
Qu'on prend aux amoureux combatz!

Et tousjours en toute saison,
Puisses tu veoir en ta maison
Maint et maint brave capitaine,
Que sa beaulté chez toy ameine,
Et tousjours, sire Aymon, y veoir
Maint et maint homme de sçavoir!

Et lors qu'avec ton tablier gras,
Et ta quenouille entre les bras,
Au bruict de ton tour tu t'esgayes,
Puisse elle toujours de mes playes,
Que j'ay pour elle dans le cueur,
Apaiser la douce langueur!

UN ANONYME, 1559.

Chanson nouvelle de la belle Cordière de Lyon (*).

L'autre jour je m'en allois
Mon chemin droict à Lyon;
Je logis chez la Cordiere
Faisant du bon compagnon,
Approchez vous mon amy,
S'a dit la dame gorriere (**) :
Approchez vous mon amy,
La nuict je ne puis dormir.

(*) Extraite d'un volume fort rare, intitulé : *le Thresor du Chant françoys*, nouvellement imprimé en l'inclyte et famosissime urbe de Lugdune (sans date ni nom d'imprimeur), petit in-8° de 146 fol. chiffrés au recto, p. 30 verso et suiv. Cette chanson se trouve encore, avec quelques légères variantes d'orthographe et de ponctuation, dans un *Recueil des plus belles chansons de ce temps, mis en trois parties avec la Déploration de Vénus.* Lyon, Jean d'Ogerolles, 1559, petit in-8°.

(**) Olivier Maillard, dans ses sermons, criant contre le luxe et les pompes des femmes, les appelle femmes à la grande gorre, et femmes gorrieres, leur reproche et entr'autres choses, les longues queues de leurs robes, les fourrures de martres, l'or qu'elles portent à la téte, au col, à la ceinture, etc.,etc.

Il y vint un Advocat
Las qui venoit de Forviere,
Luy monstra tant de ducats :
Mais ils ne luy coustoient guere,
Approchez vous Advocat
S'a dit la dame gorriere,
Prenons nous deux noz esbats,
Car l'on bassine noz draps.

Elle dict à son mary
Jan Jan vous n'avez que faire
Je vous prie allez dormir
Couchez vous en la couchette
Nous coucherons au grand lict
S'a dit la belle Cordiere
Despouillez vous mon amy
Passons nous deux nostre ennuy.

Il y vint un Procureur
Qui estoit de bonne sorte
En faisant de l'amoureux
Il y a laissé sa robe,
Et sa bourse qui vaut mieux
Mais il ne s'en soucie guere
Approchez vous amoureux
Nous ne sommes que nous deux.

Il y vint un Cordonnier
Qui estoit amoureux d'elle,
Il luy portoit des souliers
Faictz à la mode nouvelle

Luy donna un chausse-pied,
Mais elle n'en avoit que faire
Elle n'en avoit pas mestier
Ils estoient à bas cartier. (*)

Il est venu un Musnier
Son col chargé de farine
La Cordiere a maniée,
Elle luy faict bonne mine
Il a toute enfariné
Ceste gentille Cordiere
Il la faut espousseter
Tous les soirs après souper.

Il y vint un Florentin
Luy monstre argent à grand somme

(*) Le passage suivant de Moisant de Brieux, *Origine de quelques coutumes anciennes et de plusieurs façons de parler triviales*, etc , Caen, 1672, in-12, p. 10, nous semble propre à faire comprendre ce que l'auteur a voulu dire : « Femmes de court talon. C'est une façon de parler que j'ai souvent entendu dire aux Valons, quand ils vouloient exprimer une femme qui se laissoit aller aisément. Boxhorn en a fait cette remarque sur ces mots de Plaute, *in Persa*, act. 4, sc. 4 : Si crebro cades, id est si te inclinari crebro, ac muliebris patientiæ legem accipere sustinueris, quo modo et nos in Belgis Veneres istius modi curto calci insistere cavillantes, lepida sane vernacula vocis compositione cort ghehielt perhibemus, quasi dicas brevi-calces. Quo enim homini calcaneum brevius, eo ad resupinandum accommodatior : easdem etiam ab eadem causa comitiales esse, id est casa bundas dictitabant. Apud Juvenalem : *Aviam resupinat amici.* »

Si l'herbe Ethiopis fait tomber la serrure,
Notre discours fait choir la Nymphe aux courts talons.

Banquet des Muses du sieur Auvray, Rouen, 1623, in-8°, p. 30. *Les Rodomons sous les courtines.*

Tout habillé de satin
Il faisoit du gentilhomme
Elle le receut doucement
Pour avoir de la pecune
Le but ou elle pretend
C'est pour avoir de l'argent.

CALVIN, 1566. (*)

Congratulation à venerable prestre N.

.... Mais il y a un chantre ou Precenteur (comme il se nomme) en l'Eglise de Lyon, à savoir Gabriel de Saconay, d'une façon bien diverse. Car ayant prins un masque d'un homme grave, et s'estant bien desguisé pour contrefaire le Theologien, s'est mis en avant comme s'il fut monté sur un eschauffaut. Ainsi s'estant dressé sur ses argots, ou bien estant monté sur des eschasses, traite hardiment et avec une audace asseurée des sacrez mysteres de l'Escriture : comme s'il eust esté nourri dès son enfance en l'escole des Apostres et Prophetes, et s'il estoit tout farci de la doctrine qui est requise à celui qui parle en telle qualité : combien que chacun sache qu'il a esté tousjours plongé en berlans et bordeaux. Si on demande à Lyon un bordeau bien renommé, sa maison aura sans difficulté le premier lieu. Je ne parle point

---

(*) Nous avons cru devoir consigner aussi dans ce recueil quelques passages extraits d'un ouvrage de cet écrivain, sur la maison et les mœurs de Gabriel de Saconay, chanoine de l'église de Lyon, dans la société duquel Louise Labé paraîtrait avoir vécu.

des danses impudiques et telles dissolutions, que gens chastes et severes appeleroyent macquerelages. Je dis simplement qu'il n'a pas sa porte moins ouverte à toutes paillardises et autres telles vilainies, que s'il en tenoit boutique avec enseigne pendue. Il frequente force maisons pleines de vilainies, et en flaire la puanteur comme un chien de chasse, courant après, comme si c'estoit une odeur bien souefve. S'il entre en quelques unes plus honnestes et aucunement reiglées, il ne faut point à les infecter des souillûres de sa paillardise. S'il ne portoit les marques de Venus en son visage comme flettrissure, possible que la preuve en serait plus difficile. Mais il est expedient de savoir comment ceste playe luy est bien escheute. Il avoit le meilleur de ses compagnons si bien conforme à luy que rien plus. Il est assez renommé sans mot dire : c'est Sammousset, du quel les petits enfans pourront assez parler. Il y avoit si bon accord entr'eux que de consentement mutuel ils entretenoyent tous deux ensemble une paillarde, comme s'ils eussent paction de ne point empescher l'un l'autre : mais pource qu'il y avoit un tiers competiteur, je ne say comment il advint que Sammousset pensant qu'il eust occupé la place, estant venu de nuict heurter a la porte pour venger telle injure, rencontra son bon compagnon de Saconay : et comme il estoit enflambé de jalousie, il se hasta un peu trop de frapper, tellement qu'il luy fit une balafre bien rude. On remporta ce povre malostru en sa maison lequel pour lors fut mal venu en son garrouage. Or Sammousset estant adverti de son erreur accourt bien vite.

L'appointement fut aisé a faire : car s'estans embrassez, ils pleurerent leur defortune, et par ainsi furent meilleurs amis que jamais. Ces belles armoiries qu'il a rapporté du bordeau le font hardi à se magnifier en un haut parler !.. Comme si ces vilainies n'estoyent cogneues de personne......

Je ne say aussi de quelle confiance il s'est enhardi d'affirmer la Transsubstantiation à pleine bouche, comme s'il n'y avait nulle difficulté : sinon possible qu'il luy semble autant facile de transsubstantier le pain au corps de Jesus-Christ comme de transfigurer une femme en homme. Car il a accoustumé de resjouir ses hostes qu'il veut bien festoyer de ce passe-temps, de leur introduire des femmes en habit d'homme. A quoy luy a souvent servi une paillarde assez renommée, à sçavoir la Belle Cordiere.

Recueil des opuscules de Jean Calvin, Geneve, Batiste Pinereul, 1566, in-folio, p. 1822 et suiv.

PARADIN, 1573.

En ce siecle et regne (sous les roys François Ier et Henri II) florissoyent deux Dames comme deux astres radieux et deux nobles et vertueux esprits, ou plustost deux Syrenes, toutes deux pleines d'un grand amas et meslange de très heureuses influences, et les plus clers entendements de tout le sexe feminin de nostre temps. L'une se nommoit Loïse L'abbé. Ceste avoit la face plus angelique qu'humaine, mais ce n'estoit rien à la comparaison de son esprit tant chaste, tant vertueux, tant poëtique, tant rare en sçavoir qu'il sembloit qu'il eust esté creé de Dieu pour estre admiré comme un grand prodige entre les humains...... Et ne s'est ceste nymphe seulement faite cognoistre par ses escrits, ainçois par sa grande chasteté. L'autre dame estoit nommée Pernette du Guillet, etc.

Memoires de l'Histoire de Lyon. Lyon, Antoine Gryphius, 1573, in fol, p. 355.

RUBYS, 1574 ET 1604.

Entre lesquels martyrs (de Lyon, sous les empereurs Antonin Verus et Sevère) furent la vertueuse dame Blandine que Paradin devoit proposer à nos dames de Lyon; pour mirouer et exemplaire de vertu et chasteté, et non ceste impudique Loyse L'abbé, que chacun sait avoir faict profession de courtisanne publique jusques à sa mort : et ces bons et saincts evesques et martyrs Photinus et Ireneus, etc.

Les privileges, franchises et immunitéz de la ville de Lyon. Lyon, Antoine Gryphius, 1574, in fol., p. 27.

Et de faict que Paradin aye esté de ces gens qui croyent et escrivent legierement, je le pourrois verifier par le recit de plusieurs discours fabuleux qu'il a employez et affirmez pour veritables dans ses escrits : mais je me contenteray d'un seul, qui est dans son histoire de Lyon. C'est là ou il celebre le loz de ces deux insignes courtisannes qui furent de son temps à Lyon. L'une desquelles fut Pernette du Guillet, laquelle servoit de monture à un Abbé et à ses Moynes. L'autre Loyse L'abbé, renommée non seulement à Lyon, mais par toute la France, soubs le nom de la Belle-Cordiere, pour l'une des plus insignes courtisannes de son temps. Et cependant il les qualifie deux mirouers de chasteté et deux parangons de vertu. Que si le bon homme s'est laissé ainsi lourdement abuser en chose advenuë de son temps à Lyon, où il estoit tous les jours, à peine adjoustera-t-on foi à ce qu'il escrit des siecles passez.

Histoire veritable de la ville de Lyon. Lyon, Bonaventure Nugo, 1604, in fol, *Avant-propos*, p. 2.

A. DU VERDIER, 1581.

Loyse L'abbé, courtisanne lyonnoise (autrement nommée la belle Cordière pour estre mariée à un bon homme de Cordier) picquoit fort bien un cheval, à raison de quoy les gentilshommes qui avoyent accez à elle, l'appeloyent le capitaine Loys, femme, au demeurant, de bon et gaillard esprit et de médiocre beauté : recevoit gracieusement en sa maison, seigneurs, gentilshommes et autres personnes de merite avec entretien de devis et discours, musique tant à la voix qu'aux instruments où elle etoit fort duicte, lecture de bons livres Latins et vulgaires, Italiens et Espaignols, dont son cabinet estoit copieusement garni, collation d'exquises confitures, enfin ; leur communiquoit privement les pièces plus secretes qu'elle eust, et pour dire en un mot, faisoit part de son corps à ceux qui fonçoyent : non toutesfois à tous et nullement à gens méchaniques et de vile condition, quelque argent que ceux là luy eussent voulu donner. Elle aima les sçavans hommes sur tous, les favorisant de telle sorte que ceux de sa cognoyssance avoient la meilleure part en sa bonne grace, et les eust preferés a quelconque grand seigneur, et faict courtoisie à l'un plustost gratis, qu'à l'autre pour grand nombre d'escus : qui est contre la coustume de celles de son mestier et qualité. Ce n'est pas pour estre courtisanne que je luy donne place en ceste bibliotheque, mais seulement pour avoir escrit, etc.

La bibliotheque d'Antoine Du Verdier. Lyon, Barthelemy Honorat, 1585. in fol. article Loyse L'abbé.

PIERRE DE SAINCT JULIEN, 1584.

Après avoir dit que les femmes se laissent plutôt aller à la volonté de quelques babillards trompereaux, qu'elle ne prestent faveur à dignes et loyaux amants, il ajoute : « Aussi est il quasi tousjours advenu que la penitence a suyvi de près le peché, mais soit sur ce renvoyé le lecteur à ce qu'en a escrit Boccace de Certal en son Labyrinthe d'amour, et s'il veut voir le discours de dame Loyse l'Abbé, dicte la belle-Cordiere (œuvre qui sent trop mieux l'erudite gaillardise de l'esprit de Maurice Sceve, que d'une simple Courtisane, encore que souvent doublée) il trouvera que les plus follâtres sont les mieux venus avec les femmes.

Gemelles ou Pareilles, livre II. 53ᵉ Pareille, p. 324. Lyon, Charles Pesnot, 1584, in-8°.

BAYLE, 1720.

Labé (Louise), courtisanne Lyonnoise, a été mise entre les auteurs françois par La Croix du Maine et par Du Verdier.....; elle ne ressembloit pas en toutes choses aux courtisannes ; car si, d'un côté, elle était de leur humeur, en ce qu'elle vouloit être bien payée de ses faveurs, elle avoit de l'autre certains égards qu'elles n'ont pas pour les hommes doctes, car elle leur donnoit la passade gratuitement.... *Dictionnaire historique*. Le même auteur, dans une des remarques sur l'article qu'on vient de lire, ajoute ce qui suit : « Demosthene eût été bien aise que la courtisanne Laïs eût ressemblé à cette autre (Louise Labé); il n'auroit pas fait le voyage de Corinthe inutilement, ni éprouvé,

Qu'à tels festins un auteur comme un sot
A prix d'argent doit payer son écot.

Cette femme faisoit en même temps deshonneur aux lettres, et honneur : elle les deshonoroit, puisqu'étant auteur, elle menoit une vie de courtisanne, et elle les honoroit, puisque les savants etoient mieux reçus chez elle sans rien payer, que les ignorants prêts à lui compter une bonne somme. »

LE P. DE COLONIA, 1730.

Cet écrivain donne quelques détails sur la biographie de Louise Labé et sur les auteurs qui ont célébré son mérite ; puis il continue ainsi : « Mais il nous faudra bien rabattre de tous ces magnifiques éloges, et surtout de la peinture que Paradin nous a fait de sa vertu, si ce qu'en disent. Du Verdier et de Rubys se trouve véritable : ils prétendent (et ce n'est pas, à mon avis, sans apparence de vérité) que Louise Labé avait gâté ses heureux talents par un libertinage de mœurs qui n'étoit pas moins condamnable que celui des Phrynés et des Laïs, quoiqu'il fût beaucoup plus raffiné.... »

Histoire littéraire de la ville de Lyon. Lyon, François Rigollet, 1730, in-4°, tome 2, p. 545.

LA MONNOYE, 17...

La célèbre Labé, qui des jeux et des ris
Dans ses vers, dans sa prose étoit toujours suivie,
Sur le mont des neuf Sœurs ne coucha de sa vie :
Elle aima mieux coucher avec leurs favoris.

Le même.

Mosse animos fertur Gallis cantata Labæa
   Vatibus : at movit doctius illa nates.

Note sur l'article Louise Labé, de la Bibliot. franç. de la Croix du Maine, édit. de 1772.

DE RUOLZ, 1746.

Louise Labé offroit chez elle le rare spectacle d'une vertu sans gêne, d'un sçavoir sans orgueil, et des charmes les plus seduisans sans affectation. C'étoit, on le peut dire, une espèce d'Académie libre, où l'on passoit, sans contrainte, d'une conversation utile et agréable, à la lecture de quelque pièce de poësie, à une discussion délicate de quelque ouvrage d'esprit, et à tout ce qui pouvoit enfin amuser une compagnie choisie... En réunissant ce que les écrivains ont dit d'elle, il est étonnant d'apercevoir l'opposition la plus marquée entre ses contemporains et ceux qui ont paru après elle, sur la reputation et l'honneur. Les premiers ont rendu sincerement justice à ses vertus : en louant son esprit, ils ont fait l'éloge des sentimens de son cœur et de sa bonne conduite. Les seconds ont employé les qualifications les plus injurieuses à sa mémoire, et leur plume flétrissante semble n'avoir rien épargné pour laisser à la posterité le souvenir du libertinage de mœurs le plus outré qui fut jamais.....

Une femme qui sait, et que ses connaissances honorent déja dans le monde, doit naturellement s'élever au dessus de son sexe, en dépit duquel elle cherche à se mettre au rang des hommes de lettres ; mais ce n'est pas sans être obligée de secouer le joug d'un préjugé qui gêneroit toujours ses vûës : il faut, pour s'en délivrer, qu'elle s'affranchisse d'une espèce d'erreur ; qu'elle méprise l'autorité d'une opinion injuste, mais reçue ; qu'elle renonce presque à de certaines bienséances ; qu'elle vienne à bout de se procurer cette heureuse liberté d'esprit et de sentimens qu'il est rare que des personnes du sexe puissent jamais goûter entr'elles et dont le commerce préféré des hommes peut seul aussi la faire jouir.

En faut-il davantage alors pour fournir matière à la jalousie et à l'ignorance ? Bientôt elles censureront cette conduite remarquable, fruit des lumières acquises ; elles y attacheront le blâme, que dis je ? la honte d'une passion : l'une et l'autre aveugles et incapables de juger des effets d'une galanterie fine et aimable, fondée sur un enjouement plein d'esprit, exempte d'affectation et de cérémonie ; l'une et l'autre, dis je, ennemies des talens, décrieront tout ce qui peut servir à dévoiler, ou à mettre au jour leur néant et leur bassesse.

Les villes de la Grèce ont vû des femmes d'esprit y devenir, comme par état, les idoles des plus beaux génies, des plus grands hommes ; causer des passions, et les satisfaire : c'en est assez pour que ces deux fléaux de la société trouvent dans de pareils exemples de quoi autoriser leur jugement. L'antiquité a eu ses Phrynés et ses Laïs, disons-le, ses Sapho en tout genre : les siecles modernes doivent aussi avoir les leurs.

Et c'est ainsi qu'aura été rabaissée, du côté des mœurs, celle qui de son temps avoit peut-être surpassé toutes les personnes de son sexe du côté du mérite ; celle pour qui il fut peut-être plus glorieux de s'en tenir au seul défaut de la galanterie, que pour mille autres de s'en être garanties (pour me servir de la pensée d'un homme d'esprit)....

Mais il semble que pour affoiblir au moins ce partage de sentimens sur sa conduite, rien n'y contribueroit mieux que la réflexion qui se tire de la liaison intime, de l'amitié tendre qui etoit entr'elle et Clemence de Bourges, fille d'un esprit rare et d'une des premières maisons de Lyon, morte à l'âge le plus capable de la faire regretter (*) : elle n'avoit que seize ans, et elle avoit fait l'ornement des fêtes données à nos Rois à leurs passages, en jouant devant eux de plusieurs sortes d'instrumens…. Peut-on supposer que les parens de Clémence de Bourges eussent souffert qu'une fille de cet âge et de sa condition eût été aussi étroitement liée avec *Louise Labé,* si effectivement celle ci eut mené une vie capable de la déshonorer? Et il faut remarquer qu'elle ne vécut que très peu de temps après la mort de Clémence de Bourges.

J'avouerai cependant que les poësies de *Louise Labé* semblent offrir quelque chose de repréhensible : elle a peint, dans ses élégies et dans ses sonnets, un amour un peu vif dont elle paroissoit connoître tous les détours et toutes les finesses : aussi le sentoit-elle bien, lorsqu'elle adressoit aux Dames de cette ville sa troisième élégie….

Si de pareils sentimens étoient un défaut, c'étoit bien moins le sien que celui du siècle où elle vivoit. Jamais les poëtes ne furent si favorisés que sous le règne de Henri II et de ses enfans, et jamais la poësie ne fut si tendre, si passionnée, ni moins retenue dans ses expressions; fâcheux, mais inévitable effet de l'exemple que donne une cour, dont l'esprit et le goût règle infailliblement celui de tous les sujets.

Discours sur la personne et les ouvrages de Louise

(*) Elle était fille de Noble Claude de Bourges, Seigneur de Myons, Général des finances de Piémont, et de Demoiselle Françoise de Mornay. Les armes de la maison de Bourges paraissent à la voûte de l'église de Saint-Nizier de Lyon, dans l'endroit où ses nervures se croisent. Elle portait des gueules au lion d'argent, et un chevron d'azur brochant sur le tout.

Labé, lyonnoise, lu à l'Académie des sciences et belles lettres au mois d'avril 1746, par De Ruolz, Conseiller à la cour des Monnoies. Lyon, Aymé Delaroche, 1750, in-8°, p. 13, 26 et suivantes.

RIGOLEY DE JUVIGNY, 1772

Nous ne chercherons point à justifier ici la conduite de Louise Labé, encore moins à contredire ce que Du Verdier en rapporte. Nous dirons seulement que si sa conduite a pu donner lieu à l'accuser de libertinage, elle l'assaisonnait du moins de tout ce que l'esprit a de plus séduisant, et les talents de plus agréable. Nos jeunes seigneurs ignorants, si courus, si fêtés par nos belles ; nos petits maîtres, toujours à l'affut d'une conquête, et nos Turcarets, avec tout leur or, lui auraient vainement montré leurs désirs ; elle aurait rejetté leur hommage : elle méprisait également la grandeur, la sottise et l'opulence. On ne la mettra point au rang des Laïs, mais on pourra la regarder comme la Léontium ou la Ninon Lenclos de son siècle. Il est aisé de se former une idée de cette femme célèbre en lisant sa troisième élégie, etc. Notes sur l'article Louise Labé, de la *Bibliotheque françoise de La Croix du Maine*, édit. de 1772, in-4°.

PHILIPON DE LA MADELAINE, 1783.

Quand nous n'aurions pas les ouvrages de la belle Cordière, notre littérature n'en serait pas moins riche, et son ménage en aurait certainement valu mieux. *Vues patriotiques sur l'éducation du peuple.* Lyon, P. Bruyset Ponthus, 1783, in-12, p. 320.

Mme F. B. BRIQUET, AN XII DE LA R. F.

A peine sortie de l'enfance, Louise Labé excellait dans la musique vocale et instrumentale. Elle savait même le grec, le latin, l'italien et l'espagnol. Toutes ces occupations ne lui firent pas négliger l'art de faire des tapisseries. Son cœur était tendre et bon, son ame était forte et élevée ; tous ses goûts furent des passions : elle eut d'abord celle de la musique, de la chasse et de la guerre.... Elle épousa Ennemond Perrin, homme âgé et très riche, qui faisait un commerce considérable de cordages. La maison qu'elle habitait était une des plus belles de la ville ; ses jardins étaient immenses, et très ornés pour le siècle où elle vivait...... Elle rassembla dans sa bibliothèque les meilleurs ouvrages qui existaient dans toutes les langues qu'elle connaissait. La haute considération dont Louise jouissait, la lia avec les personnes les plus distinguées. Les étrangers s'empressaient de lui rendre leurs hommages. Plusieurs d'entr'eux fixaient leur séjour à Lyon, pour jouir des charmes de sa société. Les savants et les poètes de toutes les nations se firent un devoir de la célébrer dans leurs écrits. Son époux fut sensible au bonheur de posséder une femme d'un mérite si rare ; il l'aima toujours tendrement, et dans les derniers moments de sa vie il disposa de tous ses biens en sa faveur.

Après la mort d'Ennemond Perrin, elle aima et elle fut aimée de l'amant de Clémence de Bourges avec laquelle elle était très liée, mais cet événement les désunit......

Les poésies de Louise ont de la délicatesse ; l'amour qui

Dans ses écrits encore exhale sa chaleur,

la fit nommer à juste titre la Sapho de son siècle, on aurait pu ajouter : la Sapho de la France, car elle est peut-être la seule femme poète que les Français puissent mettre en parallèle avec l'amante de Phaon....... Quelques auteurs ont loué sa chasteté et ses vertus ; d'autres, au contraire, l'ont regardée comme une courtisane. Ses ouvrages lui firent beaucoup d'amis et d'ennemis. Ils frappèrent d'admiration ceux qui avaient le goût des belles choses ; mais ils devinrent un sujet de scandale pour les autres, quoique les productions du temps où elle vivait ne fussent pas écrites avec plus de décence que les siennes. Les dames lyonnaises surtout lui furent opposées : incapables de sentir le prix des talents, elles ne purent voir ceux de Louise sans jalousie. Pour motiver leur haine, elles prétendirent que dans les poésies de leur célèbre compatriote, il y avait des passages où elle leur reprochait indirectement leur ignorance et leur frivolité. Ne pouvant diminuer sa réputation littéraire, elles attaquèrent ses mœurs. Sa rupture avec Clémence de Bourges les fit triompher. Elles peignaient Louise sous les plus noires couleurs, tandis qu'elles auraient dû la plaindre et lui pardonner. On peut lui appliquer ce qu'on a dit de Sapho (*Anacharsis,* in-8°. t. 2, p. 71.) : « La mort n'a pas encore effacé la tache imprimée sur sa conduite, et peut être ne sera-t-elle jamais effacée, car l'envie qui s'attache aux noms illustres, meurt à la vérité ; mais elle

laisse après elle la calomnie qui ne meurt jamais. »
Dictionnaire historique littéraire et bibliographique des Françaises, dédié au citoyen Bonaparte premier consul. Par Mme Fortunée B. Briquet. Paris, Treuttel et Wurtz, an XII de la R. F.

C. M. WIELAND, 18...

Loyse L'abbé, plus connue sous le nom de la Belle Cordiere, eut à la fois les charmes d'Aspasie, le talent et les travers de Sapho, l'audace d'une Marphise et la valeur d'une Bradamante...... Il faut relire les poésies de Ronsard et de Marot, la prose de Brantôme, avant de se décider à pardonner à la tendre Loyse l'extrême naïveté de ses vers, pour ne pas dire plus. L'esprit de son temps semblait sans doute les autoriser.... Vive, spirituelle, passionnée, Loyse s'entoura d'hommes aimables et voluptueux, et choisit ses adorateurs parmi les poètes du temps, qui n'étant pas d'humeur à se contenter, comme le bon Pétrarque, de simples sonnets, exigèrent assez souvent, disent les chroniques, le don d'amoureuse merci : comme ces chroniques n'affirment point que Loyse le leur ait accordé, je me garderai d'imiter l'excessive âcreté que Bayle a déployée à son égard, et, me conformant à la sage maxime : *De occultis non judicat ecclesia*, je couvrirai du silence le plus absolu sa vie et sa conduite que le manque de documents, surtout le respect des convenances, me défendent de scruter. *Mélanges littéraires et politiques et morceaux inedits* de C. M. Wieland, traduits de l'allemand par MM. A. Loève Veimars et Saint-Maurice. Paris, Vernarel et Tenon, 1824, in-8°. p. 110.

M. A. PÉRICAUD, 1826.

Épitaphe de Louise Labé, surnommée la Sapho de Lyon.

IMITATION DU GREC.

> Entre l'amour et la folie
> Labé passait gaîment le temps,
> Quand soudain la parque ennemie
> Vint trancher le fil de ses ans,
> Imitez-la, jeune fillette,
> Et surtout retenez ceci :
> Comme elle vous mourrez aussi,
> Que vous soyez prude ou coquette.

Archives du département du Rhône. T. 3, p. 160.

M. BREGHOT DU LUT, 1828.

On se fait aisément l'idée du charme que devait répandre autour d'elle une femme qui réunissait à une éclatante beauté la vivacité et les grâces de l'esprit le plus heureux et le mieux cultivé. Ses mœurs, respectées, célébrées même, comme pures et irréprochables, par les auteurs qui ont vécu en même temps qu'elle, et qui l'ont habituellement fréquentée, n'ont été attaquées que sur la foi de Du Verdier et de Rubys, qui ne l'ont pas connue. Ces deux écrivains, et ceux qui se sont faits leurs échos, nous la représentent comme une courtisane raffinée, comme une nouvelle Léontium, comme la Ninon de son siècle ; mais elle a trouvé d'ardents défenseurs dans les derniers éditeurs de ses œuvres : car elle a composé des œuvres qui furent publiées de son vivant et l'ont été plusieurs fois depuis ; elle y chante, il est vrai, l'amour avec des expressions enflammées ; mais qui peut assurer que l'objet de sa passion ne fût pas ce même Ennemond Perrin qui était alors ou qui devait être un jour son époux? ou pourquoi n'aurait-elle pas eu un amant imaginaire, comme les poètes célébrent des *Iris en l'air*, des *Phyllis*, des *Sylvie* qui n'ont jamais existé (*)? Ce qu'il y a de certain, c'est qu'à moins d'adopter l'une ou l'autre de ces hypothèses, on est réduit à l'impossibilité absolue d'expliquer les éloges que lui donnent plusieurs poètes de son temps, qui vantent à l'envi sa *vertu*, sa *pudeur*, sa *chasteté* ; éloges qu'ils n'eussent jamais osé proférer, et qui se fussent convertis dans leur bouche en reproches ironiques, en outrages sanglants, si la personne à laquelle ils s'adressaient eût été une femme notoirement perdue de débauche, ou seulement une femme dont la réputation eût été tant soit peu équivoque. (*Notice sur la rue Belle-Cordière*. Lyon, Barret, 1828, in-8°, p. 8 et 9.)

L. PRUDHOMME, 1830.

Le père de Louise Labé lui donna une éducation très soignée, lui fit apprendre la musique, plusieurs langues, et, ce qui n'est pas ordinaire, elle reçut des leçons d'équitation et de tous les exercices militaires : on la vit même,

(*) Cette conjecture se trouve déjà dans les *Recherches sur les théâtres de France*, par de Beauchamps. Paris, 1735, t. I, p. 354.

dès l'âge de seize ans, en 1542, figurer parmi les guerriers français au siége de Perpignan. Son nom de guerre était le *capitaine Loys*. Parmi les éloges que les écrivains du temps lui prodiguent, ils n'oublient pas de vanter la force de son bras, son courage et ses exploits. La première campagne de Louise Labé ne fut pas heureuse, les Français furent obligés de lever le siége de Perpignan. Elle renonça alors au métier de la guerre pour se livrer à l'étude, à la poésie et aux amours, qui furent ses principales occupations...... Des écrivains ont émis des opinions diverses sur les mœurs de la belle Cordière : la lecture de ses *œuvres* et le rapprochement des témoignages des auteurs ses contemporains doivent seuls résoudre la question. Quelques-uns ont vanté sa vertu, son honnêteté ; mais *honnêteté* et *vertu* ne signifiaient pas alors, comme aujourd'hui, pureté de mœurs : Brantôme est notre garant...... Quelques-unes de ses *poésies* et surtout le *sonnet* 18 de ses œuvres, déposent contre sa chasteté. On ne peut citer que les quatre vers qui le terminent :

> Permets, m'amour, penser quelque folie :
> Tousjours suis mal, vivant discretement,
> Et ne me puis donner contentement,
> Si hors de moy ne fais quelque saillie (*).

Il paraît que Louise Labé parcourut successivement toutes les phases de l'amour. D'abord amante sincère et

---

(*) On prétend que Ninon de Lenclos disait : « Ce qui nous attache à un amant n'est pas toujours de l'amour, mais une certaine conformité de goûts, l'habitude de se voir, *le désir d'échapper à soi-même*, la nécessité d'avoir quelque galanterie.... »

passionnée, ensuite coquette, puis elle fut galante dans le sens le plus étendu de ce mot. Mais considérons que Louise Labé se trouvait placée dans un siècle où la galanterie était en honneur, et entourée d'adorateurs aimables ; si elle eût pu résister à tant de séductions, sa résistance eût été un véritable héroïsme. Une certaine élévation d'âme, son goût pour l'étude, ses talents variés et fort extraordinaires pour son siècle, firent disparaître, aux yeux de la plupart de ses contemporains, toutes les taches de sa conduite épicurienne. Les nombreux témoignages d'estime et d'admiration que lui ont prodigués les écrivains de son temps, la rue de Lyon où sa maison était située, qui a conservé son surnom, prouvent la haute considération dont elle jouissait (*)... Les poètes, qui se font un devoir de l'exagération, ont beaucoup exalté sa beauté. Des prosateurs plus sincères, et peut-être moins intéressés, assurent qu'elle était plus gracieuse que belle : tous s'accordent à dire que ses grâces, son esprit, son savoir, ses talents, les vers qu'elle composait,

(*) En 1790, un des 28 bataillons de la garde nationale de Lyon, celui de la rue Belle-Cordière, rendit hommage à la mémoire de Louise Labé en adoptant son surnom, et en décorant son étendard du portrait de cette femme célèbre, entouré d'attributs et de légendes, voici la description de ce drapeau.

BATAILLON BELLE CORDIÈRE.

« Louise Charly, femme d'un cordier, fit, en 1550, un poème sur la liberté. Sa beauté et sa science ont formé l'emblème suivant :

La belle Cordière est vêtue simplement, assise sur un lion ; une guirlande de fleurs lui descend de l'épaule gauche au côté droit; de la main droite, elle tient une pique entrelassée de lis, et surmontée du chapeau et qu'elle chantait en s'accompagnant de son luth, faisaient le charme des adorateurs nombreux et distingués qui se réunissaient chez elle...... La première édition de ses *œuvres* fut donnée en 1555, par Jean de Tournes, homme de lettres, imprimeur distingué à Lyon, et un de ceux qui étaient admis dans la société de Louise Labé. *Biographie universelle et historique des femmes célèbres*, publié par L. Prudhomme père, auteur des Révolutions de Paris, etc, Paris, Lebigre, 1830, in-8°, tome 3, p. 122.

DUGAS-MONTBEL, 1830.

On est fort entrepris quand on veut savoir quelque chose de certain sur les mœurs de nos deux muses lyonnaises, Louise Labé et Pernette du Guillet. Les auteurs contemporains en parlent fort diversement et d'une manière si

de GUILLAUME TELL, *restaurateur de la liberté Helvétique* ; à ladite pique est encore adapté un ruban sur lequel est cette légende :

Tu prédis nos destins, Charly, belle Cordière,
Car pour briser nos fers tu volas la première.

De l'autre côté du ruban est gravé :

Belle Cordière, ton espoir n'etait pas vain.

Au chapeau de Guillaume Tell est le panache aux trois couleurs. De la main gauche, Louise Labé tient son poème sur la liberté Françoise, qui est appuyé sur un globe terrestre. Le lion tient sous une de ses pattes le livre de la Constitution ; à côté est l'autel de la patrie, où brûle le feu du patriotisme ; d'un côté est une plante d'olivier, signe de la paix, et de l'autre une de laurier, signe de la gloire ; des livres en désordre sont à ses pieds, qui désignent sa science.» *Almanach de Lyon*, de 1790 p. 36.

contradictoire, qu'il est permis de supposer un peu d'exagération des deux cotés. *Bulletin universel* de M. de Ferussac, section des sciences historiques, n° 5, mai 1831, p. 106.

FIN.

Ouvrages qui se trouvent chez M. Rivoire, libraire, à Lyon, place Montazet.

SÉJOURS DE CHARLES VIII ET LOYS XII à Lyon sur le Rosne. Publiés par P. M. Gonon, jouxte la copie des Faictz, Gestes et Victoires des Roys Charles VIII et Loys XII. *Lyon, imp. de Charvin et Nigon*, 1841, in-8. 2 fac-simile. 3 f.

SÉJOURS DE CHARLES VIII A ROMME, 1493-1494. publiés par P. M. G. Lyon 1842, in-8. 1 f. 25 c.

LA TRES CURIEUSE ET CHEVALERESQUE HYSTOIRE DE LA CONQUESTE DE NAPLES PAR CHARLES VIII. Comment le tres chrestien et tres victorieux Roy Charles huictiesme de ce nom, à bannière déployée, passa et repassa de journée en journée de Lyon jusques à Naples et de Naples jusques à Lyon. Publiée par P. M- Gonon. *Lyon, imp. de Dumoulin, Ronet et Sibuet*, 1842, in-8. 6 f.

PLANT POURTRAICT ET DESCRIPTION DE LA VILLE DE LYON, au 16eme siecle, par Antoine Du Pinet, de nouveau mis en lumière par P. M. Gonon, *Lyon*, 1844, in-8. 3 f.

COQ A L'ASNE ET CHANSON sur ce qui s'est passé en France puis la mort de Henry de Valois, jusques aux nouvelles deffaictes. publié par P. M. Gonon. *Lyon Dumoulin, Ronet et Sibuet*, 1843, in-8. 2 f.

LES BARRICADES DE 1594 A LYON. Brief réçit contenant au vrai ce qui s'est passé en la réduction de la ville de Lyon en l'obéissance de sa Majesté, les 7, 8 et 9 février, publiées par P. M. G. *Lyon, Dumoulin, Ronet et Sibuet*, 1842, in-8. 5 f.

DISCOURS SUR LA REDUCTION DE LA VILLE DE LYON A L'OBEISSANCE DE HENRY IV, par A. Du Verdier, nouvelle édition, suivie d'une Lettre adressée a l'auteur du Discours d'une responce, et de cinq lettres de Henry IV adressées aux Lyonnois. Publiée par P. M. Gonon, *Lyon, Dumoulin, Ronet et Sibuet*, 1843, in-8, portrait. 3 f.

RESPONSE DE PIÉRRE LA COIGNÉE à une lettre escripte par Jean de la Souche à l'autheur du Discours faict sur la réduction de la ville de Lyon soubs l'obeissance du Roy, avec la copie de la dicte lettre. Nouvelle edition précédée du Discours sur la réduction de la ville de Lyon. *à Lyon, par Roland le Fendant*, 1594. (*Dumoulin, Ronet et Sibuet*, 1843). in-8, portrait 4 f.

VAUCANSON A LYON, chanson des ouvriers en soie de cette ville. Lyon 1844, in-8. 2 f.

TABLEAU DE LYON EN 1786, par Grimod de la Reynière. *Lyon, imp. de L. Boitel*, 1843, in-8. 6 f.

SUPPRESSION DU DERNIER COUPLET DE LA MARSEILLAISE, et captivité de Rouget de l'isle en 1793. *Lyon, L. Boitel*, in-8. 75 c.

MÉDAILLE COMMEMORATIVE DE L'ÉTABLISSEMENT DU SYSTÈME MÉTRIQUE et de son usage exclusif, publiée par P. M. Gonon, dessinée et gravée par Marius Penin. *Lyon, L. Boitel*, 1840, in-8 figure. 60 c.

BRIÈVE RÉPONSE ADRESSÉE A LA REVUE DE BIBLIOGRAPHIE ANALYTIQUE par l'éditeur de la tres curieuse et chevaleresque histoire de la conqueste de Naples par Charles VIII. *Lyon, Dumoulin, Ronet et Sibuet*, avril 1843, in-8. 60 c.

MÉDAILLE COMMEMORATIVE DE L'INONDATION DE 1840, A LYON, *Lyon, imp. lith. H. de Storck*, 1841, in-8 et in-4. 60 c.

PORTRAIT D'ANTOINE DU VERDIER Seigneur de Vauprivas et historien Lyonnais, *Lyon, imp. lith. de H. Storck*, in-8. et in-4. 1 f. 25 c.

www.ingramcontent.com/pod-product-compliance
Lightning Source LLC
Chambersburg PA
CBHW061013050426
42453CB00009B/1404